Inhalt

Warum fesseln uns Schäfchenwolken am Himmel?

Wir schauen morgens aus dem Fenster. Der ganze Himmel ist von kleinen weißen Wölkchen übersäht. Ein herrlicher Anblick! Aber die ganze Wolkenformation zieht recht schnell über uns hinweg. So schnell wie gekommen auch wieder zerronen. Das gilt auch und ganz besonders für diese mittelhohen Wolkenschichten. Das ist das Bild, das wir beobachten. Aber das Bild wirkt auf unser ganzes Sein ein. Es erfüllt uns mit einer positiven Grundstimmung, mit einer ganz besonderen Erwartungshaltung inbezug auf die Ereignisse des herauf ziehenden Tages. Aber diese Vorfreude auf das Kommende kann trügerisch sein. Genau wie die herrlich anzuschauenden Wolken der Seite 3 bis 8. Schnell fragen wir uns: Gibt es irgendeinen Zusammenhang zwischen den Wolkenbildern und dem Wetter der nächsten Stunden? Es gibt ihn! Und genau dieser Zusammenhang soll das Hauptthema dieses kleinen Wolken- und Wetterführers sein.

Was wir bisher gesehen haben sind Morgenwolken, die sich meistens schnell wieder auflösen. Und was folgt diesem frühen Schauspiel am Himmel? Steht uns ein herrlicher Tag mit viel Sonnenschein bevor? Oder wird sich der Himmel schon bald mit immer dichteren Wolkenschichten zuziehen, und es beginnt langsam zu regnen? Das ist die Frage. Wo und wie findet man eine möglichst präzise Antwort? Ich muss Sie enttäuschen. Aus solchen statischen Wolkenbildern, also Momentaufnahmen des bewölkten Himmels, kann man zwar sehr gut die genaue Wolkenfamilie, die Wolkengattung, die Wolkenart und -unterart bestimmen, nur über das kommende Wetter geben gerade Schnappschüsse von Schäfchenwolken ganz ungenaue Auskunft. Verglichen mit Flora und Fauna ist das überraschend. In der Pflanzen- und Tierwelt ist es bisweilen schwierig die Art und ihre Unterart zu bestimmen. Ist diese Aufgabe aber korrekt gelöst, dann steht das Ergebnis unumstößlich fest. Die lateinischen Bezeichnungen der Wolkenformen – auf dem Bild links zum Beispiel Altocumulus stratiformis lacunosus, eine sehr kurzlebige Übergangsform – charakterisieren zwar auch unumstößlich die Wolkenform. Aber anders als bei Flora und Fauna, deren Mitglieder zumeist eine – gemessen an unserer Lebenserwartung – längere Stbilität der Form aufweisen, sind die Wolkenformen sehr subtile und labile Gestalten, die sich in dauernder Bildung und Auflösung befinden. Vor allem aber können sie Wolkenart und Wolkengattung und sogar bisweilen auch die Wolkenfamilie wechseln. Dazu brauchen sie manchmal nur Sekunden (wie bei den netzartigen Lacunosus-Formen), meist ein paar Minuten und höchstens einige Stunden. Vor unseren Augen spielt sich also ein rasantes Geschehen am Himmel ab. Die Wolken ziehen nicht nur mit dem Wind mehr oder weniger geschwind über uns hinweg (auch diese Beobachtung müssen wir noch hinterfragen!). Sie ändern dabei auch ständig ihre Gestalt und oft auch ihre Art. Wer jemals sich mit einem Flugzeug einer Wolkenwand oder einer Wolkenschicht genähert hat, der erfuhr darüber hinaus auch noch, dass die Wolken zumeist ganz harmlose Ansammlungen von Wassertröpfchen oder Eisnadeln sind, die ihre Form mit zunehmender Annäherung immer mehr verlieren und sich scheinbar vor unseren Augen in einen gestaltlosen Nebel auflösen. Schäfchenwolken sind besonders hübsche und darüber hinaus auch noch aussagekräftige Vertreter. Wir wollen Sie uns jetzt genauer anschauen und in ihrer Aussage entziffern.

Die Freude an der Erscheinung

Nachdem wir gesehen haben wie trügerisch die Schönheit einer Wolkenformation sein kann, wie sie unsere Wetterbeobachtung korrumpieren und uns leicht zu völlig falschen Schlüssen wider unseres besseren Wissens verführen kann, muss ich Ihnen am Schlusse unseres kleinen Exkurses über die Schäfchenwolken den Blick für die oftmals blendende Schönheit des Himmelsbildes schnell zurückgeben. Schönheit kann jeder schauen. Es bedarf keiner Spezialausbildung in Meteorologie. Im Gegenteil. Wie bei allen Wissensgebieten verliert der Experte auch in der Meteorologie oft den unverstellten Blick auf die Schönheit einer Erscheinung. Vor lauter Spezialwissen geht der Blick für das Wesentliche sehr oft abhanden. Gerade in der Physik ist man als Wissenschaftler oft der Gefahr ausgesetzt, vor lauter computergenerierter Daten den Zusammenhang mit der Realität aus den Augen zu verlieren.

Diese kleine Buchreihe soll ganz bewusst einer solchen Entwicklung entgegenwirken. Ich versuche Ihnen aufzuzeigen, dass man ohne alle instrumentalen Hilfsmittel sehr wohl in der Lage ist, für den eigenen Standort der Wetterprognose des Berufsmeteorologen keineswegs unterlegen zu sein. Vorausgesetzt, man verfügt über eine gute Beobachtungsgabe und geht bei seinen Erkundungen streng systematisch vor. Die Meteorologie hat eine ganz wesentliche Bedeutung für die Großraumvorhersage. Für Ihren Standort können Sie sie ganz wesentlich mit Ihren Beobachtungen ergänzen und so den Erfolg vergrößern.

Was haben wir gelernt?

Ich denke einmal, dieses Büchlein war nicht der erste Band unter dem Titel *Wolken Lesen Lernen* in Ihrer Sammlung. Dann gewinnt die Überschrift dieses Abschlusskapitels ganz besondere Bedeutung. Haben Sie wirklich noch etwas Neues über das Wettergeschehen und über das Zusammenspiel von Wolken und Wetter gelernt? Ich bin fast sicher, Sie haben es.

Schauen Sie zu unserem Abschied noch einmal auf den kleinen Ausschnitt des herbstlichen Himmels über Oberschützen, diesem kleinen Kraftplatz im südlichen Burgenland. Der Himmel war morgens grau verhangen, ohne größere Strukturen. Mit einem Wort: langweilig. Doch plötzlich kommt Bewegung in die südliche Strömung. Der Wind frischt auf, die Glockenspiele in meinem Hof beginnen zu klingen. Die niedrigen Stratusschichten lösen sich auf und geben den Blick auf hohe Federwolken frei, die für ihre große Höhe sehr schnell nach Norden ziehen. Auch sie gehören nach meiner Definition zu den Schäfchenwolken, sogar ganz besonderen, einer bei uns nicht allzu häufigen Spezies. Es sind Cirrus floccus, die immer einen Wetterumschwung ankündigen, der sich in 10.000 m Höhe schon eher vollzieht als am Boden, wo die orografischen Verhältnisse (also die Beschaffenheit der Oberfläche) den Zug der Luftmassen noch hemmt. In der Höhe ist schon ein Wettersturz eingetreten, auf den Bergen herrschen eisige Temperaturen. Diese Änderung wird sich auch am Boden in einigen Stunden bemerkbar machen. Vorerst können wir das herrliche Schauspiel vorübereilender Eiswolken noch in vollen Zügen genießen. Jetzt ist eine kleine Wanderung in frischer Luft angesagt.

In einigen Stunden wird dann der erste Schnee uns heimsuchen und der Himmel wird wieder ein ganz anderes Aussehen zeigen, das so recht dazu angetan ist, gemütlich am heimischen Kamin bei prasselndem Holzfeuer das Gesehene noch einmal Revue passieren zu lassen. Der kleine Monitor der Digitalkamera zeigt Bild für Bild die gerade vergangenen Eindrücke und gibt noch einmal unsere visuellen Erlebnisse preis. Wir nahmen an dem Naturgeschehen ganz bewusst teil. Wir können es sogar schon deuten und unser Leben danach einrichten. Das haben wir gelernt, und das ist nicht gerade wenig……

Bilddaten

03	10.11.2001	07:45	Oberschützen, Bgld.	46ml	16.10.2002	07:28	Oberschützen, Bgld.
04	17.11.2002	13:42	Oberschützen, Bgld.	46mr	26.03.2003	06:51	Oberschützen, Bgld.
06	18.08.2002	11:14	Oberschützen, Bgld.	47ml	26.03.2003	06:53	Oberschützen, Bgld.
08	06.09.2002	06:58	Oberschützen, Bgld.	47mr	06.09.2002	06:55	Oberschützen, Bgld.
10m	17.11.2002	09:47	Oberschützen, Bgld.	48ol	19.05.2002	19:59	Oberschützen, Bgld.
11m	17.11.2002	09:47	Oberschützen, Bgld.	48ml	02.04.2002	07:17	Oberschützen, Bgld.
12u	07.10.2002	11:46	Oberschützen, Bgld.	49or	29.10.2002	16:30	Oberschützen, Bgld.
13o	06.11.2003	09:14	Oberschützen, Bgld.	49mr	21.10.2002	07:53	Oberschützen, Bgld.
13u	06.11.2003	09:17	Oberschützen, Bgld.	50ol	24.10.2002	10:59	Oberschützen, Bgld.
14	17.11.2002	09:38	Oberschützen, Bgld.	50ml	24.10.2002	11:18	Oberschützen, Bgld.
15u	17.01.2002	09:39	Oberschützen, Bgld.	51or	15.10.2002	08:20	Oberschützen, Bgld.
16ml	19.03.2003	16:26	Oberschützen, Bgld.	51mr	23.11.2002	13:30	Oberschützen, Bgld.
16mr	17.11.2002	09:55	Oberschützen, Bgld.	52u	28.12.2001	08:00	Oberschützen, Bgld.
17ml	07.10.2002	16:01	Oberschützen, Bgld.	53o	21.06.2003	17:58	Radolfzell, Bodensee
17mr	23.08.2002	06:24	Oberschützen, Bgld.	53u	21.06.2003	17:50	Radolfzell, Bodensee
18	21.10.2002	07:53	Oberschützen, Bgld.	54u	12.07.2002	11:49	Oberschützen, Bgld.
19	17.11.2002	10:06	Oberschützen, Bgld.	55	17.11.2002	09:53	Oberschützen, Bgld.
20u	07.10.2002	16:25	Oberschützen, Bgld.	56u	22.01.2002	14:30	Oberschützen, Bgld.
21	07.10.2002	16:25	Oberschützen, Bgld.	57	17.11.2002	09:39	Oberschützen, Bgld.
22u	23.11.2002	13:28	Oberschützen, Bgld.	58o	05.10.2002	08:56	Oberschützen, Bgld.
23	30.11.2001	15:02	Oberschützen, Bgld.	60o	14.06.2002	06:31	Oberschützen, Bgld.
24u	14.08.2003	15:43	Oberschützen, Bgld.	61o	14.06.2002	06:33	Oberschützen, Bgld.
25o	18.08.2003	18:34	Oberschützen, Bgld.	62o	17.11.2002	13:39	Oberschützen, Bgld.
25u	29.08.2003	16:52	Albrechtsburg, Meissen	63o	17.11.2002	13:37	Oberschützen, Bgld.
26u	08.08.2003	20:08	Oberschützen, Bgld.	64	21.06.2003	17:39	Radolfzell, Bodensee
27o	23.07.2003	06:18	Oberschützen, Bgld.				
27u	24.07.2003	19:07	Oberschützen, Bgld.				
28m	06.09.2002	07:42	Oberschützen, Bgld.				
29	21.06.2003	17:59	Radolfzell, Bodensee				
30m	16.10.2002	07:27	Oberschützen, Bgld.				
31m	04.10.2002	07:34	Oberschützen, Bgld.				
32m	19.07.2002	10:26	Oberschützen, Bgld.				
33m	19.07.2002	10:12	Oberschützen, Bgld.				
34	26.01.2002	09:30	Oberschützen, Bgld.				
35u	09.05.2002	06:43	Oberschützen, Bgld.				
36u	19.05.2002	16:37	Oberschützen, Bgld.				
37	15.08.2002	16:16	Oberschützen, Bgld.				
38u	28.12.2001	08:00	Oberschützen, Bgld.				
39	28.12.2001	08.05	Oberschützen, Bgld.				
40m	07.03.2002	06:50	Oberschützen, Bgld.				
41m	23.11.2002	13:27	Oberschützen, Bgld.	Titelbild:	10.11.2001	07:45	Oberschützen, Bgld.
42ml	17.11.2002	15:42	Oberschützen, Bgld.				
42mr	19.03.2003	14:13	Oberschützen, Bgld.	Rücktitel:			
43ml	19.03.2003	10:05	Oberschützen, Bgld.	ol	06.09.2002	06:55	Oberschützen, Bgld.
43mr	18.08.2002	11:14	Oberschützen, Bgld.	or	23.08.2002	06:23	Oberschützen, Bgld.
44ml	09.05.2002	05:56	Oberschützen, Bgld.	ml	07.10.2002	16:25	Oberschützen, Bgld.
44mr	10.09.2002	08:18	Oberschützen, Bgld.	mr	17.11.2002	13:42	Oberschützen, Bgld.
45ml	17.11.2002	13:42	Oberschützen, Bgld.	ul	28.02.2003	06:53	Oberschützen, Bgld.
45mr	17.11.2002	13:31	Oberschützen, Bgld.	ur	06.09.2002	07:44	Oberschützen, Bgld.

Internationale Klassifikation der Wolken

Wollen wir unsere Erkenntnisse mit Gleichgesinnten austauschen, dann brauchen wir eine gemeinsame Sprache mit Vokabeln, die weltweit eindeutig sind und verstanden werden. Bezogen auf die Wolken heißt das, wir müssen sie ähnlich klassifizieren und mit international gebräuchlichen, lateinischen Namen versehen, wie das in der Biologie auch schon mit Flora und Fauna geschehen ist.

In der Meteorologie wurde uns diese Aufgabe schon Anfang des 19. Jahrhunderts abgenommen. Der englische Apotheker und begeisterte Wolkenbeobachter Luke Howard benutzte als erster lateinische Bezeichnungen für die verschiedenen Wolkenformen und bot in seiner 1803 veröffentlichten Schrift *Über die Veränderungen der Wolken* eine systematische Gliederung an. Kein geringerer als Johann Wolfgang Goethe, der selbst an meteorologischen Vorgängen interessiert war, trug mit seiner 1817 herausgegebenen Schrift *Wolkengestalt nach Howard* wesentlich zur Verbreitung dieser Ideen im deutschsprachigen Raum bei.

Heute basiert die Verständigung über Wolkenformen auf dem Internationalen Wolkenatlas der WMO (World Meteorological Organization), der erstmals 1956 in Genf herausgegeben wurde und sich eng an die Klassifizierung von Howard anlehnt.

Wollen Sie wirklich in der Wolkenbeobachtung mitreden, dann müssen Sie sich zuerst einmal die lateinischen Bezeichnungen der verschiedenen Wolkengattungen, Wolkenarten und Wolkenunterarten aneignen. Es sollte keine allzu schwierige Aufgabe sein. Machen wir es ganz systematisch:

1. Wolkenfamilien (sie werden nach ihrer Höhe unterschieden)

- › Hohe Wolken (in 5-12 km Höhe)
- › Mittelhohe Wolken (in 2-6 km Höhe)
- › Tiefe Wolken (vom Erdboden bis 2 km Höhe)
- › Wolken mit großer vertikaler Ausdehnung

2. Wolkengattungen (sie werden innerhalb der Familien nach ihrer Form benannt)

Bei den hohen Wolken:
- › Cirrus Ci (Federwolken)
- › Cirrocumulus Cc (kleine Schäfchenwolken)
- › Cirrostratus Cs (Eisschleierwolken)

Bei den mittelhohen Wolken:
- › Altocumulus Ac (große Schäfchenwolken)
- › Altostratus As (mittelhohe, kaum strukturierte Schichtwolken)

Bei den tiefen Wolken:
- › Stratocumulus Sc (Schichtwolken in großen Schollen)
- › Stratus St (tiefe, kaum strukturierte Schichtwolken)

Bei den Wolken mit großer vertikaler Ausdehnung:
- › Nimbostratus Ns (Dauerregenwolken)
- › Cumulus Cu (Quellwolken, typisch für Schönwetter)
- › Cumulonimbus Cb (Gewitterwolken)

Diese zehn Wolkengattungen müssen wir uns einprägen und unterscheiden lernen, wenn wir Literatur über Meteorologie und insbesondere Wolken studieren wollen. Unterarten werden unser Wissen dann verfeinern und die Deutungsmöglichkeiten bereichern und vor allem den Spaß an der Wolkenbeobachtung erhöhen. Wir haben das in den einzelnen Kapiteln schon bemerkt. Bleiben noch Bezeichnungen wie ....cumulogenitus. ...genitus wird an einen Wolkennamen angehängt, um den Ursprung zu verdeutlichen. Also zum Beispiel Cirrocumulus contrailgenitus (Cc aus Kondensstreifen hervorgegangen).

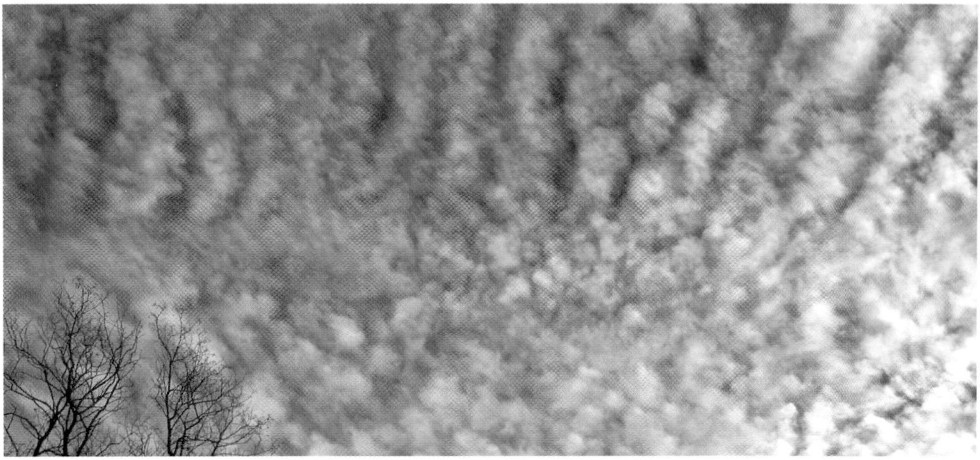

Literaturverzeichnis

Bont, G. de: Wolkenatlas, Ulmer Verlag, Stuttgart 1987
Cosgrove, B.: Das Wetter, Delius Klasing Verlag, Bielefeld 1999
Farrand, J.jr.: Wetter, VGS Verlagsgesellschaft, Köln 1991
Gareis,R.: Wolken Lesen Lernen, Sprache der Wolken, Krone Verlag, Leichlingen 2002
Gareis,R.: Wolken Lesen Lernen, Morgenrot und Abendrot, Krone Verlag, Leichlingen 2003
Gareis,R.: Wolken Lesen Lernen, Regenwolken, Krone Verlag, Leichlingen 2003
Häckel, H.: Farbatlas Wetterphänomene, Ulmer Verlag, Stuttgart 1999
Ismer, H.A.: So wird das Wetter, Ullstein Taschenbuch Nr. 42014, Berlin 1999
Karnetzki, D.: Wolken und Wetter, Delius Klasing Verlag, Bielefeld 1998
Kraus, H.: Die Atmosphäre der Erde, Springer Verlag, Berlin, Heidelberg 2001
Roth, G.D.: Wetterkunde für alle, BLV, München 1999
Scorer, R.: Clouds of the World, Lothian Publishing Co. Ltd, Melbourne 1972
Sönning, W. und Keidel, C.G.: Wolkenbilder Wettervorhersage, BLV, München 1998
Walch, D.: So funktioniert das Wetter, BLV, München 2000
Walker, A.: Zeichen am Himmel, Birkhäuser Verlag, Basel 1997
Watts, A.: Das Wetter in Bildern, Delius Klasing, Bielefeld 2000
Watts, A.: Das Wetter Handbuch, Delius Klasing Verlag, Bielefeld 2000
Wesp, U.: Der Kosmos Wetterführer, Franckh-Kosmos Verlag, Stuttgart 2000
WMO: International Cloud Atlas, Verlag des Deutschen Wetterdienstes, Offenbach 1990

Fotonachweis

Alle Fotos stammen vom Verfasser. Sie wurden mit einer Canon PowerShot G2 Kamera digital fotografiert.

Weitere Informationsquellen

Internetadressen

http://www.orf.wetter.at	Wetterdienst des Österreichischen Fernsehens
wetter-online.de	Vielseitige Wetterinformationen für Laien und Profis
inclouds.com	Fotos Amerikanischer Wolkenjäger
weatherpictures.nl	Fotos Holländischer Wolkenjäger
wolkenatlas.de	Der Karlsruher Wolkenatlas mit hunderten ausgezeichneter Wolkenfotos samt Informationen
austrocontrol.at	Österreichische Flugwetterwarte (Wetterlexikon)
sfdrs.ch	Wetterseite des Schweizer Fernsehens (Wolkenatlas, Links)
dwd.de	Deutscher Wetterdienst Offenbach (Links)
dkrz.de	Deutsches Klimarechenzentrum Hamburg (Links)
univie.ac.at	Institute of Meteorology and Geophysics Wien (Links)
wetter.msn.de	Kachelmann Wetterkanal bei MSN
meteodata.at	Europäische Wetterkarten für den Laien
meteoschweiz.ch	Schweizer Wetterdienst (Wetterlexikon)
knmi.nl	Royal Netherlands Meteorological Institute (Vorhersagekarten, Wettersatelliten Report)
geocities.com/CapeCanaveral/7742	Umfangreiche Yahoo Liste von weltweiten Wetteradressen
rz.uni-frankfurt.de	Wetterkarten für Profis, Wetter- und Wolken Informatio nen
wetterzentrale.de	Wetterseite der Uni Karlsruhe (Topkarten, Links)
zamg.ac.at	Zentralanstalt für Meteorologie und Geodynamik Wien (Wetterinformationen für Österreich, Klimadaten)
grads.iges.org	COLA (Center for Ocean-Land-Atmosphere Studies).

Dichte Wolkenschichten lösen sich auf

Schäfchenwolken sind immer eine Auflösungsform dichterer Wolkenschichten. Gewissermaßen das gute Ende einer bösen Erscheinung. Man sieht es ihnen geradezu an. Schäfchenwolken sind sichtbar gewordene positive Ausstrahlung in einem eher trüben Umfeld. Wie sah der Himmel noch vor Stunden aus? Grau und regenverhangen oder gewittrig, dunstig und schwül.

Vor allem früh morgens kann man besonders auffällige und hübsch anzuschauende Schäfchenwolken beobachten. Die Auflösung nächtlicher Wolkenschichten, die sich oft an Inversionen – das sind plötzliche Temperatursprünge von unten nach oben – gebildet hatten findet nämlich besonders rasant bei Sonnenaufgang statt. Dann absorbieren die Wassertropfen in den Wolken rund 10% der Strahlung, erwärmen die Wolke und lösen sie dabei auf.

Die plastischen Formen der bei dieser Auflösung entstehenden Schäfchenwolken – links auf dem Bild zum Beispiel Altocumulus stratiformis perlucidus, schichtartige Schäfchenwolken mit Zwischenräumen, durch die die Sonne hindurchscheinen kann – treten besonders gut bei schrägem Sonneneinfall hervor. Schon eine Stunde später ist das ganze morgendliche Schauspiel beendet, die letzten kleinen Wölkchen lösen sich schnell auf.

Wir wollen uns jetzt wie versprochen der Analyse solcher Wolkenauflösungen zuwenden. Dazu müssen wir eine ganz wichtige weitere Ebene in unsere Untersuchungen einbeziehen. Neben der Wolkenform auch ihre Zugrichtung am Himmel. Aus einer statischen wird auf diese Weise eine dynamische Analyse. Momentaufnahmen des Wolkenhimmels können herrliche Wolkenbilder dokumentieren. Über das kommende Wetter können sie aber nur momentan etwas aussagen. Erst wenn wir uns die Dynamik des Himmelsgeschehens anschauen, können wir aus den sich ändernden Wolkenbildern Schlüsse über die Wetterentwicklung ziehen. Machen wir es ganz systematisch. Zuerst die Wolken:

- Lösen sich die Wolken auf oder verdichten sie sich?
- Handelt es sich um advektive Vorgänge, ändern die Wolken ihre Art oder Unterart?
- Ändern die Wolken ihre Familie, steigen sie also auf oder sinken sie ab?
- Gibt es mehrere Wolkenschichten in verschiedenen Höhen und mit unterschiedlichen Schäfchenwolken?

Dazu der Wind:

- Windrichtung am Boden
- Zugrichtung der Wolken
- Gibt es mehrere Wolkenschichten in verschiedenen Höhen mit unterschiedlichen Zugrichtungen?

Können wir diese Fragen beantworten, dann – und nur dann – können wir ziemlich genaue Aussagen über das zu erwartende Wettergeschehen am Beobachtungsort machen und den Wetterbericht der Meteorologen entscheidend vervollständigen. Zu oft werden die Wetterfrösche ob ihrer scheinbar falschen Wetterprognosen beschimpft Das ist unfair! Der Wetterbericht im Fernsehen oder im Radio kann immer nur eine Übersicht über das allgemeine Wettergeschen geben. Für Ihren Standort müssen Sie die Vorhersage selbst präzisieren.

Auflösungsformen der Wolken

Wir schauen früh morgens mit noch verschlafenen Augen aus dem Fenster...... und werden beim Anblick des Wolkenhimmels sofort hellwach. Ein wunderschöner Novembermorgen erwartet uns. Klar blauer Himmel mit herrlicher Fernsicht und über uns Wolkenformen, die sofort eine positive Stimmung in uns wachrufen. Ein schwacher Nordföhn streicht über die südöstlichen Ausläufer der Alpen. Die Luft ist extrem trocken und mild. Es herrscht eine Wetterlage, die sich im Spätherbst fast regelmäßig an der Südseite der Alpen einstellt und

für einige Tage frühlingshafte Temperaturen beschert, bevor dann der Winter endgültig beginnt, die Herrschaft auch über diesen Landstrich zu übernehmen.

Am Abend vorher bedeckte noch dichter Hochnebel den ganzen Himmel, so dass etwaige Wolkenformationen über dieser bodennahen Schicht dem Blick entzogen waren. Wie sich dann morgens herausstellte, hatte es tatsächlich auch in mittlerer Höhe eine Altostratus-Decke gegeben, die sich bei auflebendem Föhn in Föhnwolken vom Typ ***Altocumulus lenticularis*** verwandelt hatte. In einer weiteren Verwandlungsstufe waren aus diesen dann mit Hilfe eines Querwindes Auflösungsformen von ***Altocumulus floccus undulatus*** geworden, so wie sie sich auf dieser Doppelseite darbieten.

Schauen wir uns diese Wolkenformation, die sich links vom Masenberg bis rechts zum Wechsel und – nicht mehr sichtbar – zum Schneeberg hinzieht, noch einmal etwas genauer an. Was fehlt auf diesen Bildern? Eine dichte Wolkenbank über den Alpen, die sogenannte Föhnmauer, eine Stauzone, die sich bei Nordföhn auf der Nordseite der Alpen auftürmt. Das ist ein Indiz dafür, dass sich über den Alpen schon schwacher Hochdruckeinfluss eingestellt hat und die rotierenden Wolken südlich des Alpenhauptkammes zur Ruhe kommen.

Der Föhn beginnt an Gewalt zu verlieren. Ein über die Föhnwolken hinüber streichender, trockener Querwind beginnt die Zerstörungsarbeit. Die Wolken reißen auf und lösen sich unter Bildung von Wellen langsam auf.

Auf den obigen Bildern ist dieser Vorgang schon ziemlich weit fortgeschritten. In ein, zwei Stunden ist auch der letzte Rest der ehemals dichten Nebel- und Hochnebelschichten mit der vereinten Kraft von leichtem Föhn und schwachem Hochdruckeinfluss völlig verschwunden. Die Bewohner des südlichen Burgenlandes freuen sich über einen herrlichen Novembertag (wenngleich auch einige dem fehlenden Schnee nachtrauern). Allerdings hätten sich die Wolkenbeobachter eine längere Dauer des Wolkenschauspiels gewünscht.

Die Wolken reißen auf

Den Prozess der Wolkenauflösung wollen wir uns auf drei weiteren Bildern anschauen und eine Analyse des Wettergeschehens vornehmen. Der unten abgebildete Himmel hatte bis vor wenigen Minuten eine ziemlich eintönig graue und unstrukturierte Fläche dargeboten. Recht abrupt änderte sich das Bild. Es bildeten sich vor unseren Augen unter einer Altostratus-Schicht Wolkenstreifen aus lauter kleinen Wölkchen aus, die sich zunehmend auflösten und auch die sich über ihnen befindlichen Schichtwolken in diesen Prozess mit einbezogen.

Bei den hier abgebildeten Wolkenformationen sind wir Zeuge einer Wolkenwandlung, wie sie auffälliger nicht sein kann. Anders als in Flora und Fauna gewohnt, wo sich zum Beispiel eine Maus nicht spontan in eine Katze verwandeln kann (wenn sie es auch noch so gern wollte), spielen sich am Himmel andauernd Wandlungen ab. Eine einmal gebildete Wolkenart kann sich unter dem Einfluss von Sonne, Wind und Bodenbeschaffenheit jederzeit und vergleichsweise schnell in eine andere Art, ja sogar in andere Gattungen und Familien umwandeln. Dieser Prozess macht den besonderen Reiz der Wolkenbeobachtung aus. Er eröffnet uns die Möglichkeit, aus einer dynamischen Analyse des Wolkengeschehens Kenntnisse über die voraussichtliche Entwicklung des Wetters an unserem Standort zu gewinnen.

Die hier gezeigten Auflösungsformen künden beginnenden Hochdruckeinfluss und damit eine durchgreifende Wetterbesserung an.

Luftkörperwechsel und ihre Wolkenformen

Ganz besonders eklatant spielen sich am Himmel meistens Luftkörperwechsel ab. Der Durchzug einer solchen Frontalzone geht oft mit besonders hübsch anzuschauenden Auflösungsformen einher. Sehen Sie sich einmal das nebenstehende Bild genau an. Man kann geradezu spüren, dass hier etwas ganz besonderes am Himmel passiert. Ein Luftkörper mit maritim-polarer Luft ist von Nordwesten kommend über die Alpen herüber geschwappt. Das gibt nördlich der Alpen den zu Recht berüchtigten Nordstauregen, der tagelang anhalten kann und oft zum Albtraum der Urlauber wird. Anders dagegen südlich der Alpen. Die kalte Luftmasse fällt hinter den Bergen in das Flachland hinab. Die Luft erwärmt sich und kann dadurch mehr Flüssigkeit aufnehmen. Die Wolken lösen sich auf und bilden herrliche, mittelhohe Auflösungsformen, die aus Föhnwolken und deren Zersetzungsprodukten bestehen. Links sehen wir ***Altocumulus stratiformis perlucidus translucidus*** und deren Auflösungserscheinungen ***Altocumulus floccus***. Wunderschönes Wanderwetter mit herrlicher Fernsicht kündigt sich an und wird einige Tage anhalten – so wie das Regenwetter nördlich der Alpen.

Das Ganze funktioniert natürlich auch umgekehrt bei einem ausgeprägten Luftkörperwechsel aus Süden. Dabei wird dann die von Norden eingeflossene, relativ kühle Luft, durch einen subtropischen Luftkörper ersetzt. Warmer Regen im Südstau der Alpen ist die Folge.

Schäfchenwolken ziehen über das Land

Wir haben in unseren bisherigen Analysen und Betrachtungen vor allem den Aspekt der Wolkenauflösung in ihren verschiedenen Spielarten behandelt. Die Formen der Wolken waren zwar untereinander ähnlich, aber keineswegs identisch. Das ist nicht verwunderlich, haben wir die Wolkenbilder doch ohne Rücksicht auf die Höhe der verschiedenen Erscheinungen betrachtet. Das verschiedene Aussehen der Wolkenfamilien ist jedoch immer an ihre Höhe gebunden. Hier ein paar Beispiele:

Cirrocumulus floccus

Diese kleinen Wattebäuschen aus Eisnadeln sind mit 6-8000 m die am höchsten vorkommenden Schäfchenwolken. Hübsch anzuschauen ziehen sie mit hoher Geschwindigkeit meist früh morgens über den Himmel und künden von Wetterverschlechterung in 6-10 Stunden.

Altocumulus floccus

In ca. 5000 m Höhe wandeln sich bei zusammenbrechendem Föhn die Rotorwolken in typische Schäfchenwolken. Bei zunehmendem Hochdruckeinfluss künden diese Auflösungsformen für die kommenden Tage stabiles Schönwetter an.

Altocumulus floccus
Cumulus fractus
Cirrocumulus floccus contrailgenitus

Drei Wolkentypen auf einem Bild. Ganz oben wieder unsere Schäfchenwolken vom vorhergehenden Bild. Darunter viel tiefer zerrissene Reste von Cumulus-Wolken. Unten im Hintergrund die höchste Wolkenschicht: Cirrocumulus-Wolken, die aus den Abgasen von einem Düsenflugzeug entstanden sind.

Altocumulus floccus

Im Licht der aufgehenden Sonne leuchten mittelhohe Wolken rosa auf. Es sind Reste nächtlicher Hochnebelschichten, die sich früh morgens – von der Sonne erwärmt – schnell auflösen. Sie zeigen nicht das Morgenrot, das Regen ankündigen soll. Diese Wölkchen im Osten versprechen einen ungestörten Sommertag, der so richtig zum Faulenzen und Baden einlädt.

Plötzliche Wandlungen der Wolkenform

Bisher haben wir uns vor allem mit den Schäfchenwolken befasst, die als Folge ihrer Auflösung Schönwetter versprachen. Das ist sozusagen der Regelfall. Es gibt aber auch das Gegenbeispiel. Sich plötzlich wandelnde, schäfchenartige Wolkenformationen, die schnell heranziehen und nichts Gutes versprechen.

Schauen Sie sich einmal die beiden Aufnahmen auf dieser Doppelseite genau an. Die Wolkenformationen brausten mit hoher Geschwindigkeit über uns hinweg. Es war auch am Boden so stürmisch, dass die Kamera nur mit Mühe unverwackelte Bilder schießen konnte. Und wie steht es mit den Formen der Wolken? Während über den Bäumen noch die in Auflösung befindlichen Reste einer ehemals dicken Wolkenschicht als ***Altocumulus stratiformis perlucidus*** erkannt werden können, ziehen eigenartig netzförmige Strukturen hoch über den Himmel. Es handelt sich um ***Altocumulus stratiformis lacunosus***, eine eher seltene, vor allem aber sehr kurzlebige Spezies mittelhoher bis hoher Wolken. Es sind typische Zwischenstufen bei der Umwandlung von einer Wolkenform in eine andere. Sie treten besonders bei sehr stürmischen Strömungen an dem Übergang von einem Luftkörper zu einem anderen an den Ausläufern einer Kaltfront auf.

Nach dem auch am Boden stürmischen Wetter ist für den kommenden Tag mit Cumuluswolken und extrem klarer Sicht bei frischen Temperaturen zu rechnen.

Langsam zieht der Himmel zu

Zu den Schlechtwettervorboten gehören auch schäfchenwolkenartige Aufklarungen an der Vorderseite einer Schlechtwetterfront, wie sie auf dieser Doppelseite zu sehen sind. Das ist eigentlich nicht verwunderlich. Ein heranziehendes Tiefdruckgebiet muss ja zuerst einmal das vorhandene Hochdruckgebiet verdrängen. An den Wolkenbildungen kann man diesen Vorgang sehr deutlich erkennen. Während sich auf dem unteren Bild der hohe Druck scheinbar noch halten kann und die heranziehenden Wolken vorerst noch aufgelöst werden und dabei die uns nun schon hinlänglich bekannten ***Altocumus stratiformis perlucidus*** bilden, die unten von der Sonne hinterleuchtet werden, ist die Szene auf dem rechten Bild schon weitaus dramatischer. Hier gewinnt das Schlechtwettergebiet zusehens an Einfluss. Der vorher hohe Druck sinkt sehr schnell, die tiefgestaffelten Regenwolken drängen heran. Vorher gibt es allerdings auch bei dieser Wetterlage noch Auflösungsformen. Sie ermöglichen uns, noch rechtzeitig vor dem Beginn eines Platzregens einen geschützen Unterschlupf aufzusuchen.

Welche Wolkenformen können wir rechts unterscheiden? Uns am nächsten und in größerer Höhe die bekannten Schäfchenwolken vom Typ Altocumulus stratiformis perlucidus. Mit sinkenden Wolkenbasen zieht nur knapp über dem Erdboden eine Wolkenwalze aus ***Stratocumulus stratiformis opacus*** heran, die als ***Nimbostratus*** in große Höhen reicht.

Bedeutung der Wolkenbilder für das Wetter

Wir haben jetzt schon viele Wolkenformationen an unserem Auge Revue passieren lassen. Man könnte sie weit gefasst alle als Schäfchenwolken bezeichnen. Neben der reinen Schönheit solcher Wolkenbilder soll aber der Hauptzweck dieser Buchreihe *Wolken Lesen Lernen* nicht in Vergessenheit geraten, die Ableitung kommenden Wettergeschehens aus solchen Bildern für den Standort der Wolkenbeobachtung. Ein mit Wolken überzogener Himmel hat immer Bedeutung für uns. Das gilt gleichermaßen für kommendes Schönwetter wie auch für turbulentes und gewittriges Regenwetter oder stürmischen Föhn. Es lohnt sich also die Zeichen des Himmels deuten zu lernen.

Schauen Sie sich einmal als Einstieg in einige Kapitel der Deutung von Schäfchenwolken die drei Bilder dieser Doppelseite geaneuer an. Was fällt Ihnen sofort auf? Es sind Himmelsaufnahmen mit mehrschichtigen Wolkenformationen abgebildet, die unsere Wetteranalyse erschweren dürften. Wie geht man am besten vor? Man beginnt bei der höchsten sichtbaren Wolkenfamilie und arbeitet sich dann bis zu den tiefen Wolken herunter. Warum? Bei der bei uns zumeist herrschendenWestströmung eilen die Tiefdruckgebiete in der Höhe gegenüber dem Boden um viele Kilometer voraus. Hohe Wolken geben uns deshalb schon einen Blick auf das in einigen Stunden am Boden eintreffende Wetter frei. Unser individueller Wetterbericht sollte sich deshalb immer zuerst an den hohen Wolken orientieren. Geben Auflösungsformen nicht faszinierende Bilder ab?

Genauere Analyse des Wolkenhimmels

Fangen wir unsere Analyse des Wolkenhimmels ganz systematisch an und beginnen wir mit der obersten Wolkenschicht. In Höhen von über 6000 m gibt es bei advektiven Luftströmungen (also bei horizontal sich bewegenden Schichtwolken) in Europa nur Wolken, die aus Eiskristallen bestehen. Wir finden in dieser Höhenschicht folglich alle Arten von Cirrus-Wolken (siehe auch *Wolken Lesen Lernen, Hohe Federwolken*, erscheint voraussichtlich 2005), die wir ob ihrer Bedeutung für das kommende Wetter deuten müssen. Glücklicherweise sehen wir auf den drei Bilder dieser Doppelseite keine markanten Cirrus-Wolken. Kommen wir zu unseren Schäfchenwolken zurück. Sie finden sich in reicher Zahl auf diesen Aufnahmen. Es handelt sich bei den beiden Wolkenformationen rechts um ***Altocumulus stratiformis perlucidus***, also flächenförmige Wolken in mittlerer Höhe mit auffälligen Wolkenlücken, durch die die Sonne durchscheinen kann. Ganz typische Auflösungsformen, die eine Altostratusdecke, wie sie noch im Hintergrund zu erkennen ist, in wenigen Minuten verschwinden lässt. Vorhersage: Schwacher Hochdruckeinfluss mit gutem Wetter am folgenden Tag.

Und das untere Bild? Die aufgerissenen Wolken ziehen recht tief über Himmel, sie gehören damit zur untersten Wolkenfamilie und sind als ***Stratocumulus stratiformis perlucidus*** anzusprechen. Auch hier handelt es sich wieder um Auflösungsformen. Ursprung waren sich auflösende Gewittertürme, wie sie am Horizont noch zu erkennen sind. Vorhersage: Wiederum gutes Wetter am nächsten Tag.

Einfache Aufgabe bei gleichförmigen Wolken

Die genauere Analyse der Wolken am Himmel ist eine oft sehr einfache Aufgabe. Handelt es sich um Schäfchenwolken wie auf den beiden Bildern dieser Doppelseite, so gibt es nur wenige Kriterien mit Hilfe derer wir den augenblicklichen Wettercharakter genau bestimmen können. Betrachten wir die hier abgebildeten Wolkenformen, so fallen uns zuerst als Unterschiede nur die Größe und die Dichte der Wolkenbällchen auf. Bei beiden Formationen handelt es sich um ***Altocumulus floccus***-Formationen. Aus der Größe der Schäfchenwolken

können wir auf die Höhe der Erscheinung schließen. Dafür gibt es eine ganz einfache Regel: Bei gleicher Wolkenart befinden sich die Wolken um so höher, je kleiner die Formen sind. Die Schäfchenwolken oben ziehen in ungefähr 3000 m Höhe über uns hinweg. Rechts die Wolken über dem Bodenseee sind dagegen ungefähr doppelt so hoch, sie befinden sich an der Grenze zur Familie der hohen Wolken. Wenn man genau hinschaut, gibt es noch einen weiteren Unterschied. Altocumulus-Wolken bestehen haupsächlich aus Wassertropfen. Sie bilden die flauschigen Formen oben. Auf dem Bild rechts zeigen die Wolkenbällchen eine faserige Oberfläche. Es handelt sich also vor allem um Eisnadeln, aus denen diese Wolken bestehen. Im Sommer ein Zeichen für Wolken in größerer Höhe.

Schwieriger bei mehrschichtigen Wolken

Während uns die Altocumulus floccus-Wolken der letzten beiden Seiten eine Wettervoraussage für die nächsten Stunden sehr leicht machen: Das bestehende Wetter wird sich vorerst nicht ändern, so kann diese Aufgabe auch viel schwerer ausfallen. Immer dann, wenn sich ganz verschiedene Wolkenformationen in den einzelnen Höhenbereichen befinden, die womöglich auch noch in ganz verschiedenen Richtungen über den Himmel ziehen, dann fürchten auch die Meteorologen eine präsise Voraussage und der Wetterbeobachter muss

gegen die Versuchung ankämpfen, den Wünschen seiner Kunden entgegen zu kommen. Wer möchte nicht bei Urlaubsbeginn schönes Wetter prophezeit bekommen? Oder im Winter in der Skisaison den lang erwarteten Schnee? Es ist nur zu menschlich solchen Erwartungen in den Wettervoraussagen zu entsprechen, wir können das bei dem Vergleich von Prognose und Realität nur zu oft erfahren.

Das Himmelsbild oben von der aufgehenden Sonne und den interessanten Wolkenformationen stellt uns nicht vor solche Gewissenskonflikte. Die Auflösungsformen einer Altostratusschicht, das Fehlen von niedrigen Wolken und die wenigen, von der Sonne erleuchteten Cirrus-Felder, sprechen für einen schönen Herbsttag.

Etwas schwieriger wird die Wetteranalyse, wenn uns tiefe Wolken den Blick auf mittlere und hohe Wolken versperren. Je nachdem, ob diese tiefen Wolken den ganzen Himmel in ein eintöniges Grau tauchen, oder ob diese Wolkenschichten moduliert sind und Struktur zeigen, wird unsere Analyse eher zu Fortdauer des trüben, möglicherweise regnerischen Wetters neigen oder baldiges Aufklaren anzeigen (siehe auch Wetter Lesen Lernen *Regenwolken*).

Kehren wir wieder zu den Schäfchenwolken, den Auflösungsformen der Schichtwolken

zurück. Auf dem obigen Bild verfolgen wir den Moment des Aufreißens der Regenwolken. Der Regen lässt nach, die tiefe Stratusschicht zerreißt vor unseren Augen und bildet ***Stratus fractus***-Formen. Vor allem aber gibt sie den Blick auf höhere Wolkenfamilien frei. Und das ist hier ein ganz besonders interessantes Bild. In mittlerer Höhe hat sich auch die Altostratus-Schicht aufgelöst. Sie bildet noch typische Übergangsformen, die wir als ***Altocumulus stratiformis lacunosus*** erkennen (netzförmige Altocumulus-Formationen), und die immer einen sehr dynamischen Auflösungs- oder Umwandlungsprozess begleiten. Schon in wenigen Minuten wird der ganze Regenwolkenspuk vorüber gezogen sein. Genauer gesagt, er wird sich in der vorherrschenden Luftströmung aufgelöst haben.

Wolkenchaos in allen Höhenbereichen

In Mitteuropa sind Sturmwirbel, die vom Atlantik kommend mit hoher Geschwindigkeit bis nach Polen brausen, keine allzu seltene Erscheinung. Sie bringen die normalerweise zu beobachtende Advektion in den einzelnen Höhenbereichen so richtig durcheinander. Kühlere und wärmere, feuchte und trockene Luftmassen werden miteinander verwirbelt. Der Wolkenhimmel zeigt dieses dynamische Geschehen in seinen chaotischen Formen.

Noch einmal können wir beobachten, wie sich dieses Chaos in den drei Höhenbereichen deutlich, aber mit verschiedenen Formen abbildet. Schauen Sie sich die drei Momentaufnahmen derartigen Geschehens genau an. Schon auf den ersten Blick erkennen wir, dass der Himmel keine Harmonie ausstrahlt. Es findet ganz offensichtlich ein Kampf der verschiedenen Elemente an den Fronten des Sturmwirbels statt. Da zeugen schon in den bodennahen Schichten sich schnell bildende und wieder auflösende Stratocumulus- und Cumulus-Formationen von stürmischem Geschehen auch auf der Erdoberfläche. Im mittelhohen Bereich herrscht für das Auge nur trügerische Ruhe. Bei genauer Beobachtung machen wir sich in Schäfchenwolken wandelnde Rotorwolken aus, und auch die Wellenbildung unten spricht für unterschiedliche Luftströmungen, die an ihrer Grenzfläche die Luft verwirbeln (***Altocumulus stratiformis undulatus***). Oben darüber dann noch ***Cirrus spissatus*** und ***fibratus***, die vom Wind wie Eispfeile über den Himmel getrieben werden. Wolkenchaos, das eine eigene Schönheit entfaltet und schon am nächsten Tag wieder der gewohnten Harmonie weicht.

Systematische Analyse des Wolkengeschehens

Wunderhübsche Morgenbilder von herrlichen Schäfchenwölkchen im Januar und im Mai. Hübsch anzuschauen, wie sie in einem lauen Lüftchen über den Himmel schweben. Arglos prognostizieren wir ohne lange nachzudenken: Schönwetter für die kommenden Stunden, ja Tage. Das nenne ich mutig! Die Chancen für eine richtige Voraussage stehen nämlich nur 50:50. Auf einem Bild sehen wir eine schnelle Auflösung einer Altostratusschicht, die noch in der gerade vergangenen Nacht einigen Regen gebracht hatte. Auf der anderen Aufnahme folgte einer klaren und kühlen Nacht ein plötzlicher Aufzug von Schäfchenwolken in relativ großer Höhe. Es handelt sich nicht um Altostratus floccus sondern um große und kleine ***Cirrocumulus floccus***, die schnell heran- und vorüberziehen. Schon bald ist der Himmel wieder wolkenlos.

Und jetzt die entscheidende Frage: Wie entwickelt sich das Wetter am Rest des Tages? Für den geübten Wolkenbeobachter ist das eine leicht zu beantwortenden Frage. Sie ist schon durch die Art der Wolken vorausbestimmt. Während Schäfchenwolken in mittlerer Höhe, so wie sie auf dem unteren Bild vorüberschweben, einen Tag mit ungestörtem Schönwetter versprechen, einen Maientag wie er so recht zum Wandern in der Frühlingsnatur geeignet ist, sind Cirrocumulus floccus fast immer ein Schlechtwettervorbote. Das linke Bild lief einem Schlechtwetteraufzug in der folgenden Nacht voraus. Hätten Sie es gewusst?

Dynamische Analyse gibt zuverlässig Auskunft

Vielleicht lagen Sie bei der Beantwortung der Frage der vorigen Seite daneben, sagen wir, nicht ganz genau richtig. Das ist überhaupt kein Grund zu verzeifeln und die Wolkenbeobachtung an den Nagel zu hängen. Denken Sie nur daran, wie oft sich die Profi-Meteorologen irren. Das Wetter und mit ihm die Wolken sind ein chaotisches System. Das heißt einfach und verständlich ausgedrückt, **kleine Ursachen ergeben oft große Wirkungen**. Das ist keineswegs trivial. Über Jahrzehnte haben wir zuerst in der Schule gelernt und danach am eigenen Leibe erfahren, dass die Wirkung der Ursache proportional ist. Es ist gerade einmal 20 Jahre her, dass die Wissenschaftler und hier auch gerade die Meteorologen entdeckt haben, dass das früher Gelernte keineswegs eine Regel und schon gar kein Naturgesetz ist. Das Wetter und damit auch die Wolkenbildungen benehmen sich chaotisch. Das heißt nicht mehr und nicht weniger, dass sie für uns prinzipiell nicht voraussagbar sind. Nur für einen kleinen zeitlichen Abstand kann eine Wetterprognose stimmen. Langfristvoraussagen sind reine Spekulation. Um so wichtiger ist es für uns, nach noch so kleinen Änderungen des Wolkenhimmels Ausschau zu halten, um schon frühzeitig Instrumente an die Hand zu bekommen, die helfen, die weitere Entwicklung des Wetters für unseren Standpunkt aufklären zu können. Bildbeispiel: eine sich auflösende Wolkenschicht zeigt chaotische Formen. Das Wetter wird sich schnell ändern. Eine dynamische Analyse ist vonnöten.

Eine Checkliste hilft uns weiter

Vielleicht sind das System der Wolken, die sich ständig ändernden Wolkenformen, der Einfluss von Temperatur und Wind, das Wettergeschehen über uns zuerst so komplex, dass ein Zurechtfinden, geschweige denn eine systematische Voraussage äußerst schwierig erscheint. Zugegeben, die Aufgabe ist kein Kinderspiel. Außer den uralten, in den Bauernregeln zusammengefassten Wettererfahrungen, deren Wahrheitsgehalt bei einem chaotischen System eher gering ist, kann ich Ihnen nur eine einfache Checkliste anbieten, die den zu sehenden Sachverhalt eindeutig klärt. Wir wollen es nach dem schon Gelesenen zusammen versuchen.

Beginnen wir mit der **Höhe der Wolken**. Hoch, mittelhoch und tief. Dazu kommen noch Wolken die vertikal mächtig aufstrebend sind wie zum Beispiel Gewittertürme. Danach müssen wir die Formen richtig ansprechen. Unten z.B. Cumulus fractus und darunter noch Stratus fractus, Reste von Morgennebel. Zweiter Lösungsansatz – und der ist besonders wichtig – die **dynamische Analyse**. Wenn sich also am Himmel ein sich ständig änderndes Geschehen abbildet, dann müssen wir es zeitlich verfolgen. Dritter Punkt: **Zugrichtung der Wolken** in den verschiedenen Höhen. Einfache Regel: In 90° links von der Zugrichtung befindet sich auf der nördlichen Halbkugel das Tiefdruckzentrum, rechts davon das Hoch. Das gilt für alle Höhenbereiche und kann durchaus unterschiedlich sein. Sie haben sicher schon im Wetterbericht von Höhentiefs gehört. Mit solchen Daten kann die Prognose beginnen.

Schäfchenwolken und ihre Aussage

Beginnen wir das nächste Kapitel wieder mit ein paar ganz typischen Bildern des Wolkenhimmels. Auch auf dieser Doppelseite können wir die abgebildeten Wolkenformen großzügig als Schäfchenwolken ansprechen. Beide Male handelt es sich wieder um Auflösungsformen. Unten lockern sich die Wolken einer ehemals dichten Schicht in mittlerer Höhe durch einen trockenen Querwind auf, der direkt über die Wolkenbank hinüberstreicht. Dabei werden die schon aufgelösten Teile in eine rotierende Bewegung versetzt. Es entstehen wellen-

förmige Strukturen, die oben aus einem gemeinsamen Zentrum hervor zu treten scheinen und deshalb als ***Altocumulus stratiformis*** (schichtartig) ***perlucidus*** (mit Zwischenräumen) ***undulatus*** (wellenförmig) ***radiatus*** (strahlenförmig) bezeichnet werden können. Derartige zuerst unverständliche, lateinische Bezeichnungen entspringen einer in der Meteorologie gebräuchlichen Nomenklatur, die international verständlich und kommunizierbar die verschiedenen Wolkenfamilien, -gattungen und -arten eindeutig unterscheiden und zuordnen kann.

Neben der lateinischen Bezeichnung und der meteorologischen Einordnung soll uns aber auch immer wieder die Schönheit der Erscheinung bewusst werden, die der Himmel uns so einmalig jeden Tag vor Augen führt. Das obige Beispiel unterstreicht sie.

Auf den nächsten Seiten dieses Kapitels führe ich Ihnen im einzelnen die Auflösungsformen von Wolkenschichten in den verschiedenen Höhenbereichen vor. Sie werden dabei sofort erkennen, welche Formen sich unabhängig von der Höhe der Wolken ähneln, aber auch wo die Unterschiede liegen. Gerade diese geben uns ein einfaches Mittel an die Hand, um die ungefähre Höhe der Wolkenfelder über uns zu bestimmen. Bei alldem sollten wir zu keinem Zeitpunkt vergessen, dass uns der Himmel ein dynamisches Geschehen offenbart.

Auf dem obigen Bild kann man sehr gut die Auflösung einer Altostratus-Wolken verfolgen. Im Hintergrund sieht man Wolkenformationen, die gerade im Begriff sind, sich in ***Altostratus stratiformis perlucidus*** zu wandeln. Über ***Altocumulus floccus***, wie sie oben zwischen den Stratus-Fetzen gerade zum Vorschein kommen werden sich schon bald die letzten Spuren dieser noch vor einigen Minuten den ganzen Himmel bedeckenden Altostratus-Schicht ins Nichts aufgelöst haben. Ein typischer Auflösungsprozess, wie man ihn sehr oft am Himmel nach dem Durchzug eines Schlechtwettergebietes beobachten kann.

Wir wollen uns aber nicht nur die herrlichen Wolkenbilder anschauen, sondern auch versuchen, aus ihnen Rückschlüsse auf das kommende Wetter zu gewinnen. Hier ganz einfach: zumindest für einige Stunden trockenes und ruhiges Herbstwetter!

Cirrocumulus floccus und ihre Spielarten

Auf den folgenden Seiten wollen wir uns einen Wolkenkatalog anschauen, der Ihnen Vergleichsmaterial für Ihre eigenen Beobachtungen an die Hand geben soll. Dabei unterscheiden wir zuerst die in den verschiedenen Höhenbereichen aufscheinenden Schäfchenwolken und ihr charakteristisches Aussehen. Dabei müssen wir zumindest diesen Höhenbereich richtig treffen, weil zum Beispiel hohe und niedrige Schäfchenwolken geradezu gegenteilige Aussagen für das zu erwartende Wetter machen.

Cirrocumulus floccus in sehr großer Höhe. Sie kommen eher selten vor, deuten aber immer auf sehr große Turbulenz und sich sehr rasch änderndes Wettergeschehen. Es sind die bevorzugten Formen am Rande eines stark ausgeprägten Höhentiefs mit chaotischen Wetterformen wie Sturm und Starkregen. Wetterverschlechterung ist angesagt.

Prototyp einer *Cirrocumulus floccus* Wolkenformation. Die strichförmige Auflösung der Wolkenschicht oben rechts wurde durch die heißen Auspuffgase eines Düsenflugzeugs hervorgerufen, das in gleicher Höhe die Wolken querte. Das untere Ende der Wolken deutet auf eine entstehende Turbulenz.

Eine ähnliche Wolkenformation wie auf dem linken Bild. Wieder überziehen kleine Wolkenbällchen in großer Höhe den Himmel. Einziger Unterschied sind die wellenförmigen Anordnungen, die auf einen Querwind hindeuten, der über die obere Wolkengrenze streicht. Die Wolken werden als ***Cirrocumulus floccus undulatus*** angesprochen.

Irgendwann müssen sich die Cirrocumulus floccus-Wolken auch wieder auflösen. Bei sehr dynamischem Wettergeschehen, wie es sich auf diesem Bild abspielt (die Schlechtwetterfront ist unten schon deutlich zu erkennen) bilden sich charakteristische Wandlungsformen. die als ***Cirrocumulus floccus lacunosus*** bezeichnet werden.

Altocumulus floccus: Schäfchenwolken par excellence

Die meisten Menschen verbinden mit dem Ausdruck Schäfchenwolken eine Wolkenform, wie sie auf dieser Doppelseite dargestell ist. Also in Wolkenbällchen aufgerissene Wolken mittlerer Höhe. Im Gegensatz zu den Cirrocumuluswolken, die wir meist an der Vorderfront eines Tiefdrucksystems zu sehen bekommen, sind die Altocumulus-Vertreter eher Auflösungsformen, wie wir sie nach dem Durchgang von Regenwolken und dem Aufklaren des Himmels erwarten dürfen.

Altocumulus floccus an der Vorderseite einer im Hintergrund noch gut zu erkennenden Altostratus-Schicht. Solche Wolken geben besonders kurz nach Sonnenaufgang mit ihrer hellen, von der Sonne beschienenen Oberseite und den noch dunklen Wolkenbasen ein prächtiges Bild und versprechen einen schönen Tag.

In Richtung zur Sonne leuchten Altocumulus-Wolken am Morgenhimmel und zeigen damit ihre geringe Stärke und Kompaktheit. Sie werden deshalb als ***Altocumulus stratiformis translucidus perlucidus*** angesprochen, das heißt, sie sind durchscheinend und in kleine Flöckchen unterbrochen. Auch das sind typische Auflösungsformen.

Auch bei mittelhohen Wolkenschichten aus Altocumulus floccus können natürlich durch Querwinde oder gleiche Zugrichtungen mit unterschiedlichen Geschwindigkeiten Wellenformen auftreten. Man bezeichnet sie als ***Altocumulus stratiformis translucidus perlucidus undulatus***. Ein schwieriger Name für so schöne Wolken!

Eine besonders interessante Altocumulus-Formation zeigt dieses Bild. In einer Wolke findet man zu gleicher Zeit sowohl Wolkenteile mit Wassertropfen (die flauschigen Formen) und Eiskristallen (die ausgefransten Teile). Das deutet auf einen Kälteeinbruch in der Höhe hin, der sich in den kommenden Tagen auch am Boden durchsetzen wird.

Stratocumulus stratiformis perlucidus

Nach den bösen Schäfchenwolken in großer Höhe und den guten in mittlerer wenden wir uns jetzt wieder den unangenehmeren Vertretern zu, den Stratocumulus stratiformis perlucidus in tiefen Schichten. Im ursächlichen Sinne könnte man darüber streiten, ob sie überhaupt den Schäfchenwolken zuzurechnen sind. Aber ihr Aussehen ähnelt ihnen bis auf die Größe. Sie weisen zumeist auf schon bald kommendes Regenwetter hin und erfüllen die Bauernregel: Der Schäfer zieht auf und hat den Regen im Schlepp.

Stratocumulus stratiformis perlucidus bei Sonnenaufgang. An der Grenze zum mittleren Höhenbereich weisen sie vorerst noch Lücken auf (perlucidus!). Sie werden sich aber bald schließen und den Himmel für einen Regenaufzug aus westlicher Richtung freigeben. Die Sonne erleuchtet übrigens noch Cirrostratus, auch kein gutes Zeichen.

Typische Vertreter dieser Wolkenform. Auf dem ersten Blick könnten sie vielleicht auch als Altocumulus floccus angesprochen werden. Aber nur bei flüchtigem Hinschauen. Eine genauere Beobachtung offenbart die Unterschiede. Größere Flocken, kleinere Abstände, zerrissene Formen und größere Opazität.

Gleich zwei Wolkenschichten kann man bei genauerem Hinsehen auf diesem Wolkenbild unterscheiden. Irgendwelche Altocumuluswolken in der Höhe und schon übel aussehende ***Stratocumulus stratiformis perlucidus***, die tief und schnell über den Himmel ziehen. Wir müssen uns auf baldiges Regenwetter einstellen.

Zum Abschluss noch ein Bild, das uns zu einer falschen Aussage verleiten könnte. Diese gar nicht so übel aussehenden Wolken gehören auch zur Gattung Stratocumulus. Von der Morgensonne seitlich getroffen täuschen sie geringe Stärke vor. Es sind aber sehr kompakte Schichten, die schon bald in Regen übergehen.

Zugrichtung: NNW
Blickrichtung: W

Zugrichtung: W
Blickrichtung: N

Verlieren wir bei all den herrlichen Wolkenbildern nicht unser eigentliches Anliegen aus den Augen, die Frage nach dem kommenden Wetter und möglichen Wetteränderungen, auf die wir uns im Voraus einstellen wollen. Gerade Schäfchenwolken spielen bei solchen Überlegungen eine bedeutende Rolle. Bisher haben wir den Zugrichtungen der Wolkenformationen noch keine Beachtung geschenkt. Weil aber in unseren Breiten die meisten Tiefdruckgebiete aus westlichen Richtungen zu uns vordringen, interessieren uns vor allem aus diesen Richtungen heranziehende Wolkenfelder. Bei unseren Bildern müssen wir zur Zugrichtung der Wolken zusätzlich immer auch noch die Richtung, in die wir blicken angeben. Die vier Bilder dieser Doppelseite dienen als Beispiele.

Zugrichtung: NW
Blickrichtung: W

Zugrichtung: W
Blickrichtung: W

Unter Einbeziehung der zusätzlichen Parameter **Zugrichtung der Wolken** und **Blickrichtung** können wir jetzt unsere Wetterprognose für die nächsten Stunden versuchen:

• Seite 48o (o=oben)	Auflösungsformen vor Eintreffen eines Schlechtwettergebietes
• Seite 48m (m=mittig)	Morgendliche Auflösung einer Hochnebeldecke
• Seite 49o	Auflösungsformen in allen Höhen, Tiefdruckgebiet löst sich auf
• Seite 49m	Stratocumulus-Strähnen und Altocumulus floccus vor dem Aufzug eines Tiefdruckgebietes aus Westen.

Sie können sehen, wie die Schäfchenwolken ganz unterschiedliches Wetter durch ihre speziellen Ausbildungsformen und Zugrichtungen andeuten können.

Zugrichtung: W
Blickrichtung: SO

Zugrichtung: W
Bliclrichtung: OSO

Auf dieser Doppelseite finden Sie weitere Schäfchenwolken-Beispiele, die aus verschiedenen Blickrichtungen gegen die Sonne aufgenommen wurden. Durch das Gegenlicht kann die unterschiedliche Opazität mühelos erkannt werden. Während wir auf dieser Seite ***Altocumulus stratiformis translucidus perlucidus***, unten ergänzt durch ***Stratocumulus stratiformis opacus perlucidus*** finden (die eigenartige dunkle Wolke auf dem unteren Bild ist von Waldarbeitern durch ein Holzfeuer initiiert!), zeigen die beiden Aufnahmen auf der rechten Seite Auflösungsformen einer recht kompakten Altostratus-Schicht.

Die Schäfchenwolken dieser Seite künden von herrlichem Hochdruckwetter am kommenden Tag, der noch ziemlich böige Wind wird schnell einschlafen.

Zugrichtung: W
Blickrichtung: S

Zugrichtung: NW
Blickrichtung: W

Die Wetteraussagen der wunderhübsch anzuschauenden Schäfchenwolken dieser Seite sind nicht so eindeutig positiv. Auf dem obigen Bild können wir den Grund des Aufklarens in der Ferne erkennen. Die deutlich sichtbaren Wellenformen (***Altocumulus stratiformis undulatus***) zeugen von einem trockenen Scherwind, der quer zur Zugrichtung der Wolkenformation über die Altostratus-Schicht streicht, die Wolken wellenförmig anhebt und in dem trockenen Luftkörper teilweise auflöst. Ob das zu einer durchgreifenden Wetterbesserung führt, kann nur eine dynamische Analyse aufklären.

Unten haben wir zwei Wolkenschichten in verschiedenen Höhenbereichen. Beide lösen sich auf. Das Wetter wird sich bessern, der Grad der Bewölkung wird sich vermindern.

Stabilität und Instabilität

Wenn es Ihnen bei der Wolkenbeobachtung vor allem auf die Wetterprognose für die kommenden Stunden am Ort der Beobachtung ankommt, dann sollten wir vielleicht noch einen anderen Aspekt diskutieren. Es ist leicht vorstellbar, dass eine in allen Höhenschichten ruhige Atmosphäre die Wetterprognose relativ einfacht macht. Hohe Turbulenz in den Luftkörpern über uns gestaltet dagegen die Vorhersage eher schwierig.

Drei Wolkenaufnahmen stelle ich Ihnen als Übungsmaterial zur Verfügung. Können Sie auf den ersten Blick Unterschiede erkennen? Welches der Bilder strahlt am meisten Ruhe aus? Und wo geht es am Himmel dynamisch und strürmisch zu? Hier die Antworten:

- Die ruhigste Wolkenstimmung strahlt die Aufnahme rechts unten aus. An einem Juninachmittag herrscht am Bodensee eine leicht föhnige Grundstimmung. Aber der Föhn ist nur schwach, ein Hochdruckkeil löst in aller Ruhe die Föhnwolken auf.
- Auch die Aufnahme darüber scheint ein stabiles Wettergeschehen über dem Bodensee anzudeuten. Aber der Schein trügt. Hinter dem Standpunkt des Fotografen zieht eine Altocumulus-Schicht heran, die schon bald in Altostratus übergeht und Wetterverschlechterung ankündigt.
- Das Bild unter diesem Text ist der Prototyp für sehr dynamisches Wettergeschehen über uns. Die Schäfchenwolken sind von uneinheitlicher Größe und Gestalt. Der Höhenwind zaust sie kräftig durcheinander. Wir befinden uns am Rande eines Tiefs.

Trügerische Schönheit der Wolken

Wir schauen früh morgens aus dem Fenster und sind von dem Himmelsschauspiel fasziniert. In langen Streifen ziehen durchscheinend weiße Wolkenstreifen schnell über den Himmel. Ein herrliches Bild! So recht dazu angetan, uns eine positive Grundstimmung mit auf den Tagesweg zu geben. Wenn wir meteorologisch krasse Laien sind, wird die Enttäuschung nicht lange auf sich warten lassen. Zwar lösen sich die Wolken zuerst einmal völlig auf, aber schon nach wenigen Stunden trübt der Himmel schnell ein, und es beginnt zu regnen.

Anders, wenn wir gelernt haben, aus den Wolkenvorboten das kommende Wettergeschehen an unserem Ort vorherzusehen. Zwar ändert sich dadurch das Wetter nicht. Auch dann beginnt es bald zu regnen. Wir werden aber nicht überrascht sein und konnten uns umso mehr über die ersten schönen Stunden des Tages freuen.

Ein ganz besonders eindrucksvolles Beispiel für eine trügerische Schönheit von Wolkenformationen zeige ich Ihnen auf der gegenüberliegenden Seite. Es ist gleichzeitig eine Rarität aus meiner Wolkensammlung. Ich nenne es Eishexe. Mittelhohe Wolken ziehen in 5000 m Höhe über uns hinüber. Es sind Altocumulus stratiformis perlucidus. Das geschieht wie wir gesehen haben recht häufig. Das Besondere daran ist die Umwandlung von Regentropfen in Eisnadeln (das faserige Wolkengebilde in der Bildmitte). Vor unseren Augen bildet sich eine typische Eiswolke. Der Wintereinbruch steht in den kommenden Tagen ins Haus.